ÉTUDE HYGIÉNIQUE
SUR
L'INSALUBRITÉ
DES COMMUNES RURALES

TANT AU POINT DE VUE DE L'HYGIÈNE PUBLIQUE
QUE DE L'HYGIÈNE PRIVÉE DES POPULATIONS

ET DES

MOYENS D'Y REMÉDIER

PAR

A. JACQMART,

ÉLÈVE DE QUATRIÈME ANNÉE A L'ÉCOLE VÉTÉRINAIRE D'ALFORT,

LAURÉAT DE LA SOCIÉTÉ CENTRALE D'AGRICULTURE, SCIENCES
ET ARTS DU DÉPARTEMENT DU NORD.

Mémoire couronné à Douai, dans la séance générale
du 26 Novembre 1876.

CAMBRAI

IMPRIMERIE DE ALEXANDRE RÉGNIER-FAREZ

28, PLACE-AU-BOIS, 28.

1877

ÉTUDE HYGIÉNIQUE

SUR

L'INSALUBRITÉ

DES COMMUNES RURALES

ÉTUDE HYGIÉNIQUE

SUR

L'INSALUBRITÉ

DES COMMUNES RURALES

TANT AU POINT DE VUE DE L'HYGIÈNE PUBLIQUE
QUE DE L'HYGIÈNE PRIVÉE DES POPULATIONS

ET DES

MOYENS D'Y REMÉDIER

PAR

A. JACQMART,

ÉLÈVE DE QUATRIÈME ANNÉE A L'ÉCOLE VÉTÉRINAIRE D'ALFORT,

LAURÉAT DE LA SOCIÉTÉ CENTRALE D'AGRICULTURE, SCIENCES
ET ARTS DU DÉPARTEMENT DU NORD.

Mémoire couronné à Douai, dans la séance générale
du 26 Novembre 1876.

CAMBRAI

IMPRIMERIE DE ALEXANDRE RÉGNIER-FAREZ
28, PLACE-AU-BOIS, 28.

1877

A MON FRÈRE

E. Jacqmart,

DIRECTEUR DE L'ÉCOLE

COMMERCIALE, INDUSTRIELLE & AGRICOLE

DE CAMBRAI.

Permets-moi, mon cher frère, de t'offrir mon premier travail comme gage de l'affection qui nous unit.

A. JACQMART.

ÉTUDE HYGIÉNIQUE

SUR

L'INSALUBRITÉ

DES COMMUNES RURALES

« Il vaut mieux prévenir qu'avoir à guérir. »

A la campagne on trouve généralement, en même temps que le calme, des conditions hygiéniques satisfaisantes. Là, en effet, on ne voit pas comme dans les villes régner une fiévreuse activité ; les passions ne font pas tant de jeunes et nombreuses victimes, et, si les habitants n'ont pas le luxe et le confort trompeurs des grandes cités, ils ont pour eux, ce qui est préférable, la liberté, l'espace et un air pur.

Mais trop souvent encore les communes rurales ne présentent pas les conditions hygiéniques qu'on s'attend à rencontrer chez elles. Et si une épidémie, après avoir désolé une ville, vient tout-à-coup, par la contagion, à attaquer un habitant de ces villages insalubres, elle fait en quelques jours d'affreux ravages. Rencontrant des constitutions débiles et prédisposées de longue main, elle agit d'une façon plus soudaine et plus terrible encore que dans les villes.

D'un autre côté, des villages, ceux qui avoisinent la

Sensée notamment, sont affligés chaque année par des fièvres pernicieuses, qui, elles aussi, désolent bien des familles.

Cela est dû à l'insalubrité des communes rurales et tient aux causes suivantes que je vais énumérer d'abord, puis étudier avec les développements qu'elles comportent :

Etat de la voirie dans les villages.

Le voisinage des marais.

Les cours d'eau, les souillures qu'ils reçoivent et leur état d'entretien.

Les habitations, au point de vue du sol, de l'humidité des murs, de la lumière, du cube d'air, etc.

Le chauffage et l'alimentation.

Les étables.

Les fumiers.

Les fosses d'aisances, les cimetières, etc.

I.

Etat de la voirie dans les villages.

Je vais d'abord étudier l'entretien des chemins, puis l'abandon sur la voie publique ou simplement à l'air libre, des cadavres d'animaux.

ÉTAT DES CHEMINS.

Le mauvais état de la voirie proprement dite est, pour les campagnes, l'une des causes les plus puissantes de l'insalubrité. Le conseil d'hygiène du département du Nord s'est vivement préoccupé de cette question, et a déploré maintes fois la malpropreté des villages : l'arrondissement d'Avesnes notamment a signalé souvent cet état de choses, et demandé à ce qu'on prenne à ce sujet des mesures rigoureuses.

En effet, quand on arrive dans un village, on est frappé de la malpropreté qui y règne. Souvent le milieu de la route est débordé par les côtés; l'écoulement n'est plus possible. Il semble qu'on fasse exprès d'accumuler dans les rues des foyers d'infection. Les femmes jettent sur le chemin les débris du ménage. Les cendres, les épluchures, les ordures de toutes sortes sont jetées pêle-mêle sur la voie publique.

Après une grande pluie le spectacle change, la malpropreté s'accroît encore, si c'est possible, et la rue devient un véritable ruisseau fangeux. Grâce aux mauvaises conditions dans lesquelles sont placées les fosses à fumier qu'on voit généralement sur les côtés de la route et devant la porte de l'habitation, une cause s'ajoute aux autres. Quand il pleut, les toitures versent leurs eaux sur le fumier qui est délayé et pour ainsi dire noyé.

Mais que fait le cultivateur ? Il jette dans la rue l'eau qui submerge son fumier, c'est-à-dire qu'il jette son argent, qu'il jette dans la rue, pour en faire un foyer d'infection, ce qui allait donner à ses terres la fertilité. En revanche il achètera à un négociant quelconque un engrais chimique qu'il paiera très-cher et qui ne vaudra pas ce que dans son incurie et son ignorance il jette dans la rue. Ce que je viens d'exposer se renouvelle très-souvent. Tous ceux qui ont habité le village en ont été les spectateurs. Après la pluie, chaque cultivateur se livre invariablement à ce travail, aussi malheureux pour l'hygiène que pour l'agriculture.

L'eau dans laquelle viennent de se dissoudre certains principes solubles du fumier, forme dans les rues de véritables mares fétides. Le chemin devient inabordable. Impossible de traverser la route : il y a vingt centimètres de boue ou d'eau.

Le milieu, le véritable *pavé* est un peu moins sale, cependant, ne vous avisez pas de vous y aventurer sans être porteur de gros sabots, car vos bottines ne pourraient résister. Vient-il quelques belles journées, le soleil darde-t-il ses rayons, alors toutes ces mares disséminées sur la route s'évaporent en partie et laissent à nu des principes qui, en se décomposant rapidement, produisent des émanations très-dangereuses.

Contre un pareil état de choses, que fait la municipalité? Rien ou à peu près. De temps en temps, presque toujours le samedi soir, le représentant de la force publique, le garde-champêtre, prend son tambour ou sa sonnette, cela varie, et crie d'une voix plus ou moins retentissante, que par ordre de M. le Maire, il est enjoint aux habitants de la commune de balayer le « pavé » situé en face de chez eux.

Cet ordre est exécuté ou ne l'est pas. Ceux qui obéissent balaient le dimanche matin le milieu de la route et rejettent la boue sur les côtés.

Cela n'a pour résultat que de faciliter les promenades du dimanche. Mais au point de vue de l'hygiène cette mesure est complétement insuffisante. En effet, la boue a simplement diminué d'un côté pour augmenter de l'autre. Ce n'est qu'à de rares intervalles qu'on réunit les boues en tas qui sont donnés à vil prix ou même abandonnés à ceux qui les désirent.

Nous avons là, je ne le répéterai pas assez, l'une des plus redoutables causes d'insalubrité. Les anciens étaient pénétrés de l'importance de cette question et ils s'appliquaient à maintenir dans les rues une grande propreté. Les Egyptiens avaient grand soin de leurs routes. Les chemins, bien entretenus, n'étaient pas comme ils sont maintenant dans le pays des Pharaons, des foyers d'infection. Les habitants de l'Egypte actuelle ont beaucoup à gagner en suivant les exemples de leurs pères. Les Romains, eux aussi, s'occupaient de ce grave sujet et, parmi les travaux du second Tarquin, Tite-Live signale le grand cloaque où les boues de la ville étaient mises en tas. Nous voyons donc que les anciens avaient une haute idée de l'importance de cette question.

Pour chercher des exemples à une époque plus rapprochée de nous, on voit qu'à Paris, le pavage des rues a été exécuté pour faire disparaître les boues dont la fétidité était insupportable. A Londres et à Bruxelles les boues, les immondices sont balayées par les eaux et entraînées dans les rivières qui avoisinent ces grandes cités.

Partout enfin, dans les temps anciens comme dans les temps modernes, dans les grandes cités et dans les petits bourgs, on a compris que la malpropreté des rues est une cause permanente d'insalubrité, et qu'on doit la combattre par tous les moyens possibles. Pour rechercher ces moyens, les ingénieurs les plus capables ont prodigué leur temps, leurs travaux et leur science.

Dans les campagnes, point n'est besoin de moyens compliqués, de procédés coûteux pour apporter à l'état de choses existant un excellent remède.

Il est facile de défendre le dépôt sur la voie publique des débris du ménage. La police municipale n'a, pour cela, qu'à se montrer impitoyable et rigoureuse.

Une bonne disposition des fosses à fumier, comme tout à l'heure nous l'étudierons, diminuera singulièrement la quantité des boues, en même temps qu'elle conservera à l'agriculture un engrais important.

Enfin, dans les mauvaises saisons, un ouvrier qu'une commune peut toujours se procurer à bon marché, suffirait pour mettre les boues en tas. Ces boues, qui constituent un engrais assez avantageux, pourraient être vendues aux enchères où elles trouveraient facilement acquéreur, même comme matériaux de remblais. Leur prix servirait à payer en partie l'ouvrier. Elles devraient être enlevées très-souvent, tous les huit jours par exemple, le samedi, de sorte que le dimanche, les habitants puissent se promener sans mettre le pied dans un limon infect.

De la sorte, on obtiendrait une grande propreté du village, et on enlèverait une des principales causes de l'insalubrité.

ABANDON DE CADAVRES D'ANIMAUX.

On n'a pas l'habitude de se gêner beaucoup dans les campagnes. Un lapin vient-il à mourir, on le jette simplement sur la route, ou bien on l'abandonne dans un coin du jardin. On agit de même pour tous les cadavres de chiens, de poules ou de taupes. Certains fermiers vont même plus loin. Quand ils parviennent à prendre une chouette, ils l'attachent aux portes de leurs granges pour effrayer les autres oiseaux de la même espèce. Ils détruisent ainsi des animaux très-utiles et contribuent, par la décomposition de leurs cadavres, à l'insalubrité de la localité.

S'il survient une épizootie, bien souvent on n'observe

pas les arrêtés qui prescrivent d'enfouir profondément les animaux qui ont succombé ; on se contente de les pousser dans un ravin ou de les abandonner dans un lieu désert. Aussitôt, les chiens des environs, attirés par la viande, se jettent sur ces cadavres et transportent ensuite au loin les germes de la terrible maladie. Cette fâcheuse habitude n'a pas peu contribué à favoriser dans l'Est le développement du typhus lors de la dernière épizootie.

Cet abandon de cadavres à l'air libre a des résultats funestes. Pour montrer combien sont grands les dangers auxquels il expose, je ne crois mieux faire qu'en rapportant plusieurs exemples signalés à toutes les époques.

Galien accuse l'état putride de l'air d'occasionner des fièvres pestilentielles. Saint Augustin dit qu'une foule de sauterelles noyées dans la mer et rejetées ensuite sur les côtes où elles se décomposèrent, amenèrent une peste, fameuse par le grand nombre de ses victimes.

On rapporte, qu'un individu ayant voulu enlever les habits d'un mort, fut suffoqué par les miasmes qui s'échappèrent, et tomba mort côte-à-côte avec celui qu'il voulait dépouiller.

« Le 15 janvier 1773, dit Maret, un fossoyeur, creusant une fosse dans le cimetière de Montmorency, donna un coup de bêche sur un cadavre enterré un an auparavant ; il en sortit une vapeur infecte qui le fit frissonner et lui fit dresser les cheveux sur la tête. Comme il s'appuyait sur sa bêche pour fermer l'ouverture qu'il venait de faire, il tomba mort : les secours qu'on lui donna furent inutiles. »

Ces exemples font voir le danger qu'il y a à laisser les cadavres se décomposer à l'air libre. Si on ne voit pas se produire des accidents semblables à ceux que rapportent Maret et d'autres, il n'en est pas moins vrai que l'air est vicié par les émanations qui s'échappent des corps qui ont cessé de vivre, et que bien des maladies sont dues à cette altération de l'atmosphère.

On doit donc prendre des mesures énergiques et rigoureuses pour faire disparaître cette cause d'insalubrité. Du reste, les corps qu'on abandonne ainsi, s'ils étaient enfouis ou s'ils étaient cédés à l'équarrisseur, rapporteraient quelque chose sous le rapport pécuniaire. Dans le cas d'épidémie, dans le cas de peste bovine, par exemple, l'autorité doit faire appliquer d'une façon stricte et impitoyable, les mesures qui sont indiquées par les hommes compétents. Elle doit veiller scrupuleusement à ce que tous les cadavres soient enfouis à deux mètres de profondeur, et qu'on ne se contente pas de les abandonner dans les bois, où une foule d'insectes s'en nourrissent et font ensuite des piqûres très-dangereuses.

Le garde-champêtre doit surveiller attentivement et exiger que les arrêtés municipaux ne soient pas enfreints.

Quand un animal meurt on a bientôt fait de lui creuser une tombe ; l'insouciance et la paresse sont souvent les seules causes de l'abandon des cadavres.

Une amende infligée de temps en temps à celui qu'on trouverait coupable d'abandon d'animaux sur la voie publique, aurait certainement d'heureux résultats, et contribuerait à améliorer la situation hygiénique de beaucoup de localités.

II.

Influence des marais.

L'insalubrité de quelques communes est due à la présence de marais dans le voisinage. Le mot marais doit avoir pour nous une signification plus étendue que celle qu'on lui accorde généralement. Il doit comprendre toute portion du sol alternativement couverte et abandonnée par les eaux, et donnant lieu à des émanations putrides. Selon la nature de leurs eaux, les marais ont été divisés en marais d'eau douce, d'eau salée et marais mixtes. Les derniers sont formés d'un mélange d'eau ordinaire et d'eau de mer ; ils sont beaucoup plus dangereux que les deux autres variétés.

Les marais couvrent dans le monde d'immenses surfaces ; certaines contrées leur doivent ainsi l'insalubrité. Les Marais-Pontins sont universellement connus, et leurs funestes propriétés font chaque jour des victimes. Une foule de voyageurs ont rapporté de leurs excursions en Italie le germe de maladies mortelles. L'artiste qui parcourt la patrie des grands maîtres de la peinture, le savant qui veut étudier sur place les fièvres qui naissent des émanations paludéennes, meurent tous deux victimes de leur dévouement à l'art ou à la science.

Les marais ont certainement en France des effets bien moins désastreux qu'en Italie ; mais leurs victimes, malgré cela, sont encore nombreuses ; aussi les marais doivent-ils être étudiés dès qu'on s'occupe de l'hygiène.

Malgré les nombreux travaux de desséchement exécutés depuis le commencement du siècle, les eaux stagnantes couvrent encore en France une surface de plus de 500,000 hectares. Mais les terrains marécageux, ceux qui sont le plus dangereux, entrent seulement dans ce nombre pour 185,413 hectares. Le département du Nord est compris dans cette dernière quantité pour 2,536 hectares de marais d'eau douce et d'eau salée.

Les marais favorisent la végétation de beaucoup de plantes appartenant surtout à la famille des Graminées, des Labiées, des Joncées, etc. Ces plantes, par leurs feuilles, leurs fleurs, forment beaucoup de détritus qui gagnent le fond de l'eau, où ils composent une couche plus ou moins épaisse. En même temps, les animaux qui vivent dans les marais : les poissons, les batraciens, contribuent par leurs déjections d'abord, et ensuite par leurs cadavres, à augmenter l'épaisseur de la couche de matières organiques déposées au fond de l'eau. Aussitôt que la température est assez élevée, ces débris entrent en décomposition comme tous les êtres d'où s'est retirée la vie. Cette décomposition donne lieu aux émanations qui ont reçu le nom d'effluves ou miasmes des marais.

Il entre dans la composition des effluves, les gaz qui résultent de la fermentation putride. Tous ont des propriétés toxiques ou tout au moins sont impropres à la respiration. Mais ce qui rend dangereuses les effluves, c'est qu'à ces gaz s'ajoute une matière organique très-putrescible, que jusqu'ici on ne connaît pas bien encore. C'est cette matière qui communique aux effluves des propriétés pernicieuses, et les rend redoutables pour les hommes comme pour les animaux.

Il y a certaines influences qui favorisent singulièrement le dégagement des effluves. Ainsi, une certaine température est indispensable pour que les matières organiques déposées au fond de l'eau, puissent fermenter et exhaler le miasme paludéen. Il faut une chaleur moyenne de 15 à 30 degrés. C'est dans les saisons chaudes de l'année que les marais sont le plus dangereux, parce qu'à ces périodes les effluves sont nombreuses; et pendant ces saisons, les heures les plus chaudes de la journée sont encore celles qui voient une fermentation active des débris marécageux. Plus est grande la profondeur des eaux, moins la chaleur se fait sentir au fond, et par conséquent, moins aussi il se dégage d'effluves. Les marais qui renferment peu d'eau, sont beaucoup plus dangereux que ceux dont les eaux sont profondes.

Les effluves, aussitôt qu'elles sont produites, se mêlent à l'air et sont dispersées plus ou moins vite suivant que l'air est plus ou moins chaud, plus ou moins dilaté. On les voit quelquefois former au-dessus des marais un véritable nuage. Les vents qui règnent, dispersent ce nuage et entraînent au loin ces terribles effluves. Il peut se faire alors que des localités plus ou moins éloignées, éprouvent sur place une véritable migration. On y respire, bien qu'à distance des marais, les dangereuses émanations que le vent a entraînées. Il n'y a donc pas seulement les localités marécageuses qui présentent des dangers ; si les vents ont une direction constante, certaines localités peuvent subir les effets des effluves comme si elles étaient situées auprès des marais.

Les effluves mises en rapport avec les hommes et les animaux sont assez rapidement absorbées. Qu'elles pénètrent dans l'économie par la muqueuse pulmonaire seulement: ou bien en même temps par la surface cutanée, peu importe, le résultat est le même: Elles sont introduites dans l'organisme.

Une fois que les effluves sont mélangées au sang, elles le vicient, le fluidifient, et bientôt donnent naissance aux maladies paludéennes.

Mais elles ne produisent pas de suite leurs effets, ou tout au moins elles ne se traduisent pas aussitôt; elles ont une période d'incubation plus ou moins longue. Ainsi beaucoup de voyageurs qui ont visité les Marais-Pontins, ne sont atteints de maladie que lorsque, rentrés dans leur

pays, au milieu de la famille qui les attendait, ils se croient sauvés et se félicitent d'avoir échappé au danger des effluves.

En quoi consistent les effets des miasmes paludéens ?

De tout temps, de toute antiquité, ils ont attiré l'attention du médecin par leur gravité et leurs caractères particuliers. Hippocrate les a étudiés et parfaitement décrits. Ce qu'il a observé, est bien exactement la même chose que ce que, vingt-deux siècles plus tard, on remarque dans les contrées marécageuses. La Grèce actuelle est atteinte des mêmes affections que la Grèce ancienne. Les habitants souffrent des mêmes maux dus aux mêmes conditions hygiéniques.

Voici ce que dit un célèbre hygiéniste en parlant de l'habitant d'une contrée marécageuse :

« A peine a-t-il quitté le sein de sa nourrice qu'il maigrit et languit, une couleur jaune teint sa peau et ses yeux, ses viscères s'engorgent, il meurt souvent avant d'avoir atteint sa septième année. A-t-il franchi ce terme, il ne vit pas, il végète, il reste boursouflé, hydropique, sujet à des fièvres d'automne, à des fièvres putrides, malignes, à des hémorrhagies passives et à des ulcères aux jambes qui guérissent fort difficilement. »

Sous l'influence des effluves, l'homme est atteint de fièvres dangereuses. Nos plus terribles maladies contagieuses sont la conséquence des effluves ou tout au moins paraissent être singulièrement influencées par elles dans leur développement, leur marche, leurs dangers. C'est ainsi que la peste apparaît en Egypte, surtout quand le Nil a répandu ses eaux sur les terres, et que le sol, couvert de débris de toutes sortes, exposé à une température élevée, donne naissance à beaucoup d'effluves. Les marais du Gange nous ont valu l'un des plus grands fléaux des temps modernes, le choléra ; et le débordement du Mississipi donne naissance à la fièvre jaune, maladie qui a fait un nombre incalculable de victimes.

Enfin, pour chercher des exemples dans notre pays,

disons que les habitants de la vallée de la Sensée sont atteints fréquemment de fièvres qui reconnaissent évidemment pour causes les effluves. Paillencourt, Fressies, Hem-Lenglet, Wasnes-au-Bac, Etrun, voient, tous les étés, régner chez eux les mêmes maladies paludéennes. A Paillencourt, par exemple, une rue longe la Sensée et les marais. Eh bien, c'est cette rue qui est pour ainsi dire la seule présentant des fièvres.

Les animaux ne souffrent pas moins du voisinage des marais; le cheval, ainsi que les ruminants, est sujet aux fièvres charbonneuses. Les fermiers voient leurs troupeaux de bêtes ovines dépérir rapidement. Les moutons deviennent bientôt tristes et faibles; en un mot, ils sont atteints de cachexie aqueuse, maladie qui est pour les éleveurs un véritable fléau, car elle entraîne presque inévitablement la perte du troupeau. Si on ne se hâte de les pousser à l'engraissement, les animaux meurent dans le marasme.

Quelques animaux, comme le buffle et le porc, paraissent rebelles aux effets des effluves. Ils ne sont pas incommodés par le voisinage des marais. Le buffle, par exemple, vit parfaitement à Ceylan, dans une contrée essentiellement marécageuse.

Les effluves font sentir leurs effets à cinq cents mètres de distance seulement, car elles sont vite dispersées par les vents et entraînées dans l'atmosphère en proportion inoffensive. En hauteur il paraît établi qu'à quatre cents mètres elles n'agissent plus.

Nous allons nous occuper maintenant des moyens à employer pour éviter ou diminuer les effets des effluves.

Le moyen héroïque, le moyen radical par excellence est certainement le desséchement des marais quand cela est possible. Mais si l'opération ne peut pas être achevée complétement, il est de beaucoup préférable de laisser les choses comme elles sont, et d'augmenter même la quantité des eaux. En effet, plus les eaux sont profondes, moins sont nombreuses les effluves.

Le desséchement est très-coûteux, il demande de grands

sacrifices ; mais il rend à la culture des terrains jusqu'alors presque inutiles, et il fait disparaître une cause d'insalubrité. Les sacrifices pécuniaires ne durent qu'un instant, et l'on est ensuite amplement récompensé. Depuis que de grands travaux ont été exécutés à ce sujet dans le Dauphiné et la Charente, les maladies qui autrefois désolaient ces deux contrées, ont presque complètement disparu. Aussitôt les marais desséchés, le sort des populations changea totalement. Les fièvres typhoïdes et charbonneuses cessèrent de faire chaque année de nombreuses victimes.

Depuis quelques années, deux Cambrésiens ont eu l'idée d'obtenir le desséchement des marais de la Sensée qui occupent une surface de plus de six cents hectares. Leurs études ont été faites sérieusement. Ils croient la chose possible. L'un d'eux, M. Blin, continuant les études, a publié l'année dernière le résultat des travaux qu'ils ont entrepris. Ce mémoire est inséré dans les annales de la Société d'Emulation de Cambrai, année 1875. Il y a évidemment quelque chose à étudier et à faire de ce côté, mais on a à lutter contre une foule d'intérêts particuliers. Nombre d'individus gagnent leur vie par la pêche, la chasse et autres industries des marais. Plusieurs moulins ont été établis dans les environs et fonctionnent grâce à l'eau de ces marais.

Pour arriver à quelque chose, il faut que les communes possédant des marais se réunissent et forment un syndicat. De cette façon, en confiant leurs intérêts à des hommes expérimentés, à des ingénieurs, on arriverait probablement à résoudre la question et à donner à l'agriculture une foule de terrains. Tout le monde y trouverait son profit, aussi bien l'Etat que les particuliers, et les villages cesseraient d'être désolés par des maladies paludéennes.

Quand les marais sont pour ainsi dire souterrains, quand en enlevant une couche du sol on voit un véritable terrain marécageux, il est bon de recourir au drainage qui, en même temps qu'il fait disparaître la cause d'insalubrité, augmente la fertilité des terres.

Le traitement curatif, si je puis ainsi m'exprimer, n'étant pas toujours possible, il faut tâcher de trouver au moins un traitement préventif. On ne doit pas séjourner dans les marais vers le soir, parce qu'à ce moment, l'atmosphère étant refroidie, les effluves ne montent pas et forment une sorte de nuage dans lequel on respire. Les hommes et les animaux, s'ils doivent travailler dans les marais, ne doivent pas commencer leur labeur avant d'avoir pris leur nourriture; de cette façon l'organisme résiste mieux aux effluves et les dangers sont moins grands.

Les habitations des hommes et des animaux, comme tout à l'heure nous le verrons, ne doivent pas avoir leurs ouvertures tournées du côté des marais; car les effluves pénétreraient par ces portes ou ces fenêtres, et feraient sentir leurs effets sur les hommes et les animaux, même au repos.

Il est démontré que la végétation, par l'organe auquel elle donne naissance, atténue singulièrement les effets des effluves. Il est donc bon de faire dans les endroits marécageux le plus possible de plantations.

Dans beaucoup de régions marécageuses, le rouissage du chanvre et du lin vient augmenter encore l'insalubrité de ces contrées. Il serait bon de le permettre seulement dans les eaux courantes, et non dans les mares qui deviennent alors infectes et puantes.

III.

Des cours d'eau, des souillures qu'ils reçoivent et de leur état d'entretien.

Les cours d'eau méritent de fixer l'attention de l'hygiéniste. Très-souvent, en effet, ils deviennent pour les campagnes une cause d'insalubrité. Généralement leur lit est peu profond, leur pente peu rapide. Les immondices de toutes sortes, les eaux sales, sont souvent jetées dans le ruisseau. Quand vient l'été, l'eau baissant, on voit sur les bords une couche infecte de boue qui, se décomposant sous l'influence de l'air et de la température, dégage des miasmes dangereux. Dans beaucoup de villages, les rues sont bordées par un fossé qui, bien entretenu, donnerait de bons résultats; mais généralement il devient, ainsi que je viens de le dire, une cause d'insalubrité. D'autres fois ce sont des rivières qui, recevant les eaux d'établissements industriels quelconques, deviennent des foyers d'infection.

Dans le département du Nord, de nombreuses plaintes se sont élevées. La commune d'Orchies a réclamé parce qu'un fossé infectait la localité. Ce cours d'eau, aussitôt l'été venu, était la cause du développement de fièvres typhoïdes.

De même, Denain a réclamé pour le mauvais état d'un fossé qui, laissant déposer les matières charriées, était la cause de beaucoup de maladies. Dans les saisons chaudes, le canal de la Sensée baisse beaucoup, et une partie de son lit est exposée au contact de l'air. Sous cette influence, les villages que la Sensée traverse ou cotoie, souffrent de maladies paludéennes.

Le canal de Bourbourg, souillé par les eaux de beaucoup d'usines, est pour les contrées qu'il traverse une cause d'insalubrité. Des plaintes nombreuses ont été produites à ce sujet.

Il est donc indispensable que les cours d'eau aient un lit, sinon très-profond, du moins très-rapide, pour que les matières qu'ils charrient ne se déposent pas au fond en grande quantité. Le curage, dont la loi ordonne l'exécution tous les trois ans, doit être pratiqué beaucoup plus souvent. Il faudrait, autant que possible, qu'il ne fût pas exécuté pendant les journées les plus chaudes. Le produit du curage doit être enlevé de suite, ou bien il doit être mélangé à des matières qui l'empêchent d'exhaler des miasmes délétères.

Les usines ne devraient pas répandre leurs eaux dans des rivières trop petites. Les fabriques de sucre, en se servant des vinasses comme engrais, contribueraient beaucoup à diminuer les dangers des cours d'eau ;

Seulement, pour ne pas porter ailleurs l'infection, les terrains sur lesquels sont répandues les eaux provenant des distilleries, doivent être drainés; car au bout d'un temps plus ou moins long, ils sont imbibés et on a alors de véritables terrains marécageux.

IV.

Des habitations.

Les habitations des hommes ont une influence considérable. Selon les conditions qu'elles présentent, elles sont saines, ou bien constituent une véritable cause d'insalubrité.

On doit d'abord, en étudiant cette question, envisager le sol sur lequel les habitations sont élevées. Le sol doit être sec et ne pas retenir l'humidité. Mais comme on est pour beaucoup de raisons souvent obligé de bâtir dans un endroit déterminé, si le terrain est humide, on enlève une couche plus ou moins épaisse qu'on remplace par du calcaire. Les maisons munies d'une cave sont plus sèches que les autres; elles sont en outre beaucoup plus commodes.

On doit veiller à ce que le rez-de-chaussée soit toujours plus élevé que le sol avoisinant; sans cela, pendant les pluies, la maison serait envahie par les eaux et serait toujours humide. Le rez-de-chaussée doit donc être élevé de quelques marches.

Les murs sont généralement faits, ou bien avec un mélange de terre et de paille, ou avec des briques, ou avec des pierres, grès ou calcaires.

Les premiers matériaux ont été surtout employés il y a une centaine d'années. Mais maintenant on ne se sert plus que très-rarement de ce mélange. Les murs ainsi construits laissent passer le froid, retiennent l'humidité et constituent des habitations froides et malsaines. Du reste, ces murs demandent beaucoup d'entretien.

Le second genre de matériaux est, surtout dans le département du Nord, de beaucoup le plus usité. Les monuments anciens démontrent en effet que les briques bien cuites constituent des murs très-solides. Nombre de constructions faites en briques, il y a de longues années, restent encore debout et semblent n'avoir presque pas souffert de la main du temps, ce grand et impitoyable démolisseur. Les murs ainsi construits sont durables et forment des habitations très-saines.

Dans quelques localités, à cause du voisinage de carrières, on emploie pour les constructions des pierres diverses. On obtient ainsi des murs assez solides et généralement peu coûteux. Mais sous l'influence de la gelée, il arrive que ces matériaux se délitent.

C'est un inconvénient très-sérieux qui fait qu'on doit y regarder à deux fois, avant d'employer des pierres calcaires pour les constructions.

Les toitures sont faites en paille, en pannes ou tuiles, ou bien en ardoises.

La paille, mauvais conducteur du calorique, présente l'avantage de ne pas laisser perdre la chaleur; seulement elle présente aussi plusieurs inconvénients. On dit généralement que cette toiture revient à un prix moindre que les autres; mais c'est une illusion. Elle coûte évidemment moins cher la première année, mais ensuite une foule de réparations viennent régulièrement augmenter le prix de revient. Du reste, il est des années où la paille coûte très-cher, et il vaut mieux transformer en fumier le peu que l'on en a, que de l'utiliser pour les toitures. En outre elle favorise singulièrement le développement des rats et des souris qui infestent les habitations, et avec elle on a toujours à redouter l'incendie. Aussi doit-on rejeter les toitures en chaume et les remplacer par celles en pannes ou en ardoises, suivant le prix de revient de ces matériaux dans les endroits où l'on se trouve. Dans le département du Nord, l'industrie des pannes a pris une grande extension.

Le plancher est souvent déplorable.

Généralement le sol est simplement battu ; des inégalités se montrent çà et là. Ce sol devient pour les habitants une cause permanente d'insalubrité, car il s'imprègne des eaux du ménage et exhale ainsi presque constamment des émanations dangereuses. Or, dans les communes rurales, la plupart des maisons d'ouvriers sont ainsi disposées.

Le sol des habitations doit être au moins en briques placées sur champ, ou mieux en carreaux, ce qui ne coûte guère plus cher. Les habitations ainsi carrelées sont aisément nettoyées et les lavages peuvent être répétés.

Sous le rapport des dimensions, les 9/10 des habitations laissent à désirer. Une économie mal entendue fait qu'on bâtit des maisons petites, basses, où doivent s'entasser beaucoup de personnes. Souvent il n'y a qu'une seule chambre qui est à la fois salle-à-manger, cuisine et chambre à coucher. Il est très-commun, dans les villages, de voir une maison occupant quarante à cinquante mètres carrés, contenir deux lits et un berceau, souvent un four. Dans un coin est déposé le charbon et d'autres objets indispensables. Il est évident que ces maisons réunissent les conditions les plus funestes pour la santé. L'air qu'elles renferment est constamment souillé, et, quand le matin surtout, on vient à entrer dans une demeure semblable, on s'arrête sur le seuil, douloureusement étonné de l'air vicié qu'on respire et de l'oppression qu'on éprouve.

Il est démontré en effet, que par l'acide carbonique qu'il expire et l'oxygène dont il s'empare, un homme vicie en une heure cinq à six mètres cubes d'air. Un homme restant couché six à sept heures pendant lesquelles l'air n'est pas renouvelé dans l'appartement, il est indispensable que trente à quarante mètres cubes d'air soient à sa disposition pour que, jusqu'au matin, il respire sans danger. Les neuf dixièmes des habitations ouvrières n'offrent pas le cube d'air nécessaire; et le matin venu, on ne respire pas impunément dans l'atmosphère de la chambre.

Peu à peu elle attaque l'organisme et bientôt fait sentir ses effets, soit en produisant le marasme, soit en donnant aux maladies des caractères putrides très-graves. Les femmes en couches, dans ces conditions déplorables, sont sujettes à des accidents consécutifs; et les enfants, chétifs, toujours maladifs, meurent en grande proportion.

Si encore, pendant le jour, on pouvait aérer la chambre : mais les fenêtres sont trop rares, trop petites et trop basses. Il est démontré en effet que sur six millions d'habitations soumises à l'impôt, trois millions n'ont qu'une fenêtre ou n'en ont même pas du tout. C'est là un grand tort, car les fenêtres rendent les plus grands services; et dans une construction on ne doit pas regarder à des frais qui seront largement compensés par le bien-être et la santé. Aussi, faire des fenêtres nombreuses, larges et hautes, telle est une bonne règle à suivre. Mais si un foyer d'infection est rapproché de l'habitation, il faut se garder de disposer les ouvertures de façon que les vents régnants y apportent les émanations. Un marais se présente-t-il dans le voisinage, il faut consulter la direction la plus habituelle des vents, et, d'après cela, disposer les ouvertures.

V.

Du chauffage.

Dans les campagnes trois modes de chauffage sont utilisés :
Les feux de cheminée.
Les fourneaux.
Les poëles.

Les feux ou foyers ouverts sont souvent préférés, parce qu'ils permettent d'obtenir en peu de temps une chaleur suffisante pour les besoins du ménage. Mais ils ont un grand défaut, c'est de n'utiliser qu'une très-faible partie de la chaleur produite. C'est un moyen très-sain, très-agréable, très-expéditif; mais comme on doit regarder à la question d'argent et que celle-ci doit entrer pour beaucoup dans nos conseils, ce mode de chauffage ne doit pas être employé, si ce n'est dans les contrées où le bois est très-commun.

Les fourneaux sont économiques et donnent bientôt une chaleur convenable. Ils permettent de réchauffer la soupe en quelques minutes ; mais ils présentent de sérieux inconvénients : Ils dégagent dans la chambre des produits qui vicient l'air et causent de graves accidents. Il ne se passe pas de semaine où les journaux ne rapportent des malheurs causés par ce mode de chauffage.

Un troisième moyen c'est le poêle. Il peut être en fonte, en pierre, peu importe. Il offre cet immense avantage de ne pas laisser perdre beaucoup de la chaleur produite;

permettant avec une faible dépense de laisser le feu en permanence afin de pouvoir s'en servir quand on le désire, il est très-commode pour les besoins du ménage. On lui reproche de rendre trop sec l'air de la chambre. Cela est vrai. Sous l'influence de la chaleur, l'atmosphère finirait par être nuisible; mais il est facile de remédier à cet inconvénient, en laissant dans un coin de la chambre, et mieux sur le poêle ou du moins très-près du poêle, un vase plein d'eau.

VI.

De l'alimentation.

Dans les campagnes, l'alimentation est trop végétale. On fait rarement usage de viande, et, quand on l'emploie, on préfère le lard indigeste et peu nutritif au bœuf qui ne coûterait guère plus cher. Au village, on se nourrit trop avec ce qu'on récolte ; aussi l'alimentation varie-t-elle suivant les pays et suivant leurs cultures.

Dans le département du Nord on déjeune avec une tartine et du lait, si on est au logis; et avec une tartine seulement si l'on est aux champs. On dîne avec de la soupe, un peu de lard, et des légumes, surtout des choux et des pommes de terre ; on goûte avec une tartine. On soupe avec une bouillie quelconque ou une salade. On voit que les repas ne manquent pas et que les habitants du Nord passent à manger bon nombre d'instants. Du reste, dans notre région, l'alimentation, bien que laissant encore à désirer, est bonne relativement à celle des autres pays, comme nous allons voir.

En Bretagne, les paysans se nourrissent avec des bouillies, des crêpes ou des galettes de sarrazin ; leur pain est d'orge, de froment ou de seigle. Ils mangent du bœuf ou du porc, seulement une fois la semaine. Les pommes de terre, le lait et le beurre entrent pour beaucoup dans leur alimentation.

Dans la Haute-Garonne, on mange surtout du pain de froment, de la bouillie de maïs et du salé.

Dans les Hautes-Pyrénées, on se nourrit avec de la soupe de pain, de légumes, et de la viande salée cuite sur le gril.

Les habitants de l'Isère font surtout usage de pommes de terre frites ou assaisonnées, de soupe aux légumes, de lait et de fromage. Le jeudi et le dimanche, ils consomment du salé.

Dans le Tarn, on mange du pain de blé ou de seigle, rarement de millet, de pommes de terre, de la soupe au pain, de la viande de porc ou des oies salées.

Le paysan landais se nourrit avec du pain mal pétri fait avec la farine de seigle ou de maïs qu'il assaisonne avec des sardines de Gallicie. Il fait trois repas et mange du lard rance et de la bouillie de maïs ou de millet.

Cette alimentation insuffisante et surtout végétale tient en grande partie à l'organisation des boucheries dans les villages.

Dans les communes assez importantes existe un boucher qui, chaque semaine, tue une vache, un veau et un mouton.

Avec ce débit tout à fait insuffisant, il faut absolument qu'il trouve moyen de vivre.

Pour cela il vend sa viande très-cher et le plus souvent à un prix uniforme, quelle que soit la qualité des différents morceaux. Ce prix est plus élevé que celui de la 1re qualité dans les villes.

C'est ce qui fait que dans les campagnes on ne mange pas de viande. Il ne faut pas chercher d'autre cause. Tant qu'on n'aura pas remédié à l'organisation des boucheries de village, les paysans ne pourront pas se permettre le luxe de manger de la viande.

Pourquoi ne pas faire dans les villages ce qu'on fait dans les villes? Pourquoi ne pas obliger le boucher à faire visiter sa viande par un vétérinaire? Pourquoi ne pas le forcer à faire au moins deux qualités et à marquer sa viande d'après les indications et les ordres du vétérinaire?

VII.

Des habitations des animaux domestiques.

Une question très importante au point de vue de l'hygiène est celle des habitations de nos animaux domestiques. Les dernières épizooties, dont les départements conserveront longtemps le triste et douloureux souvenir, ont prouvé combien était grande l'influence des étables. Dans celles où les règles hygiéniques étaient observées, on se préservait moins difficilement du terrible fléau. Au contraire les étables basses, humides, voyaient leurs animaux enlevés en quelques jours. Cela ne fait aucun doute. Les savants envoyés en mission à cette époque ont témoigné combien les étables malsaines favorisaient le développement, les progrès du typhus.

L'une des maladies les plus terribles, une affection qui peut même se communiquer à l'homme, a probablement pour cause les habitations qui ne présentent pas de conditions hygiéniques satisfaisantes. Je veux parler de la morve. On est autorisé à dire, qu'avec la contagion, les habitations malsaines ont une grande influence sur le développement des affections morveuses.

Enfin, toujours, dans les étables mal construites, les animaux se portent moins bien que dans celles où, respirant un air pur, ils ne sont pas soumis aux influences nuisibles des autres.

Je vais donc étudier soigneusement la question des

écuries et des stables, persuadé que je m'occuperai en même temps d'un sujet important au point de vue de l'hygiène et de l'agriculture.

Les écuries doivent être placées à proximité des habitations de l'homme, et de façon que les animaux n'aient pas à faire un long trajet pour se rendre aux lieux où ils exécutent leurs travaux. S'ils travaillent aux champs, elles devront donc être situées le plus près possible de l'exploitation agricole ; s'ils sont occupés à un service de roulage ou d'omnibus, elles devront être placées à proximité des routes.

Dans quelques pays, notamment dans la primitive Auvergne, les animaux occupent le rez-de-chaussée et les hommes le 1er étage. C'est là une disposition fâcheuse, car si l'étable n'est pas munie d'un plafond ou d'une voûte, les miasmes qui se dégagent peuvent pénétrer dans les locaux occupés par les hommes.

Dans le département du Nord, l'écurie ou l'étable communique généralement avec la maison d'habitation. Cette disposition qui favorise le service et parfois malheureusement la paresse, est détestable au point de vue hygiénique. En effet, l'air que respirent les hommes est constamment vicié par les miasmes qui se sont dégagés de l'étable et qui ont pénétré par la porte de communication.

L'habitation doit être élevée autant que possible sur un sol sec ou calcaire. Quand on est obligé de bâtir sur un terrain marécageux, il faut prendre les précautions que j'ai indiquées en parlant des habitations des hommes.

Le sol de l'écurie doit être assez élevé. Généralement on ne prend pas garde à cela ; et dans les moindres pluies, l'eau forme à l'entrée de véritables mares.

Le sol, quand il est constitué par de la terre, est très-doux pour les pieds des animaux ; mais il a le grave inconvénient de se laisser imbiber par l'urine qui, en fermentant, donne naissance à des gaz qui nuisent beaucoup à leur santé.

Quand il est constitué par des cailloux tassés, il faut

qu'une couche de mortier le recouvre ; car sans cela les urines pourraient encore filtrer et être absorbées.

Quand au lieu de cailloux ce sont des pavés, il est facile de le nettoyer et les urines ne s'imbibent pas ; mais on a remarqué que les chevaux rencontrant les interstices des pavés, y placent la pince du pied, se reposent ainsi, et peu à peu, par l'habitude, deviennent pinçards, ce qui nuit beaucoup aux aplombs.

D'autres fois, quand on s'est servi de dalles, le sol est trop glissant et les animaux, en rentrant à l'écurie, peuvent faire des chûtes. Il est préférable de se servir de briques placées sur champ. Ce procédé est certainement le meilleur ; il ne coûte pas bien cher et ne présente pas les inconvénients des autres.

Le sol doit être incliné de la tête vers la croupe, pour que les urines ne séjournent pas sous les pieds des animaux ; et il doit être disposé aussi de façon que les eaux se réunissent, soit dans une citerne qui communique avec l'écurie, soit vers l'une des portes.

La litière, qui constitue pour les animaux un véritable lit en même temps qu'elle fournit à l'agriculture l'engrais par excellence, doit être assez abondante pour que les animaux ne se salissent pas. En enlevant de temps en temps les matières fécales et en tassant la paille, on peut, grâce à l'inclinaison du sol, conserver la litière pendant plusieurs jours sans que cela présente des dangers. En la tassant on empêche en grande partie le dégagement des gaz.

Quand on fait la litière il est bon, surtout si on possède une purinière, de jeter dans l'écurie le plus d'eau possible ; car on nettoie ainsi parfaitement le sol et on délaie les matières de la fosse, ce qui est un avantage pour la vidange.

Chaque écurie doit avoir une purinière, c'est-à-dire avoir au-dessous d'elle une fosse dans laquelle se rend l'urine des animaux, l'eau des lavages et les produits des fosses d'aisance. En Suisse chaque ferme a sa purinière. Dans le Nord elles commencent aussi à se répandre. À Lille et aux environs les grands fermiers ont même dans les champs, au bord des routes, d'immenses fosses dans lesquelles ils conduisent de temps en temps le contenu de la purinière de la ferme. De la sorte, ils peuvent avoir en magasin une quantité considérable de ce liquide fertilisant et s'en servir quand ils le veulent.

Pour l'orientation et pour ce qui concerne les murailles et les toitures, il faut suivre les mêmes règles que pour les maisons.

Généralement au-dessus de l'écurie est un grenier où l'on remise les grains et quelquefois les fourrages. Il faut que le plancher soit bien fait et ne présente pas d'interstices. Sans cela les substances conservées dans le grenier s'imprégneraient de miasmes et seraient vite corrompues. Il est facile de démontrer combien il se dégage de miasmes dans les écuries. Si dans un milieu semblable, on dépose un appareil contenant un mélange réfrigérant, on voit se condenser sur les parois une matière infecte et noirâtre dont l'action est pernicieuse. Il est donc indispensable que le grenier soit nettement séparé de l'écurie ou de l'étable.

Le plafond doit être entretenu dans une grande propreté. Les toiles d'araignées, qu'on laisse ordinairement soit par incurie, soit dans le but qu'elles serviront à détruire les insectes, peuvent avoir dans le cas de maladie contagieuse une influence pernicieuse : elles condensent les miasmes et deviennent ainsi des foyers d'infection. Il est bon que les murailles soient blanchies, c'est là une pratique excellente qui présente en outre l'avantage d'être peu coûteuse.

Par la respiration, les animaux puisent dans l'atmosphère qui les entoure l'oxygène qu'elle renferme, et en échange, ils exhalent l'acide carbonique. Or, quand les animaux sont renfermés dans un lieu parfaitement clos, il arrive un moment où l'air de ce local renferme peu d'oxygène et au contraire beaucoup d'acide carbonique. Dès lors cet air ne peut plus être respiré sans danger. Je pourrais entrer dans beaucoup de détails à ce sujet, mais je me contente de poser le principe. Outre cette viciation causée par l'acte respiratoire, il y a encore à tenir compte de l'urine et des défécations, qui exhalent des gaz délétères et contribuent pour une bonne part à altérer l'atmosphère. Les animaux étant destinés à passer la nuit dans un local peu ou point aéré, il faut qu'ils aient à leur disposition une quantité d'air assez considérable pour qu'ils puissent jusqu'au matin respirer sans danger. Il faut que cette quantité soit assez grande pour n'être altérée que dans une proportion insignifiante. De nombreux calculs ont été faits à ce sujet. Je vais seulement signaler les indications qu'on en a tirées.

L'étable doit avoir une hauteur de quatre mètres ou trois mètres cinquante. Chaque vache doit occuper au ratelier un mètre, le taureau un mètre trente, et le veau soixante-cinq centimètres. L'espace entre le mur de face et le mur opposé doit être de cinq mètres, dont quatre pour l'animal, et un derrière pour que le service puisse être fait sans danger. De cette façon, chaque animal a à sa disposition un cube d'air d'environ trente mètres, ce qui, avec les moyens de ventilation employés, suffit pour son bien-être.

Dans les écuries, la distance entre les deux murs de face doit être de cinq mètres cinquante, dont quatre pour le cheval et un et demi derrière. Ce dernier espace est nécessaire, car les ruades sont à craindre. S'il y a dans l'écurie un cheval méchant, on peut facilement, avec un espace moindre, être blessé.

On a généralement l'habitude fâcheuse d'entasser les moutons dans des bergeries petites et basses : c'est un grand tort. Chaque animal de l'espèce ovine doit avoir à sa disposition deux mètres carrés. On voit qu'il y a une grande différence entre cet espace et celui qu'on leur accorde généralement dans les fermes.

Toutes ces dimensions sont indiquées par les calculs les plus rigoureux; et il est démontré par des faits journaliers, que les locaux mal construits occasionnent de graves dommages. Les animaux tombent dans le marasme, ou bien en sortant de ces habitations où ils étouffent, contractent des maladies dangereuses. Dans ces conditions, les affections des voies respiratoires sont extrêmement communes. Enfin, tous les individus, qu'ils appartiennent à l'espèce bovine ou à l'espèce chevaline, ne profitent pas comme ils pourraient le faire des aliments qui leur sont donnés. Le fermier ne doit donc pas, sous prétexte de réaliser une économie, construire des étables trop petites.

Pour le service ou pour l'aération on pratique différentes ouvertures. Les portes sont importantes à considérer sous le rapport des dimensions. Il arrive souvent, quand elles sont trop petites, que les animaux, pressés de rentrer à l'écurie ou d'en sortir, se contusionnent. Parfois même les individus de l'espèce bovine se sont éhanchés. Il faut que les portes soient assez hautes pour que les chevaux puissent sortir avec le collier; et l'on sait que cette partie des harnais est fréquemment une pièce monumentale. Pour toutes ces raisons, la hauteur des portes doit être de deux mètres à deux mètres cinquante, et la largeur, de un mètre cinquante à un mètre quatre-vingts.

Elles sont indifféremment à un seul ou à deux battants, cela importe peu. Pour les écuries et les étables, elles peuvent sans inconvénient s'ouvrir en dedans ou en dehors; mais pour les bergeries, il est indispensable qu'elles s'ouvrent en dehors. En effet, quand pour les moutons l'heure de sortir est arrivée, ils se pressent tous auprès de la porte; dans ces conditions, il serait difficile de l'ouvrir en dedans. Des accidents et une perte de temps résulteraient forcément de cette mauvaise disposition.

Les fenêtres laissent beaucoup à désirer. Dans une foule de villages, les écuries et les étables en sont totalement dépourvues. C'est à peine si, de distance en distance, il y a dans la muraille une échancrure, une solution de continuité, qui est bouchée les trois quarts du temps avec de la paille. L'aération est donc tout à fait insuffisante.

Il faut des fenêtres aux écuries ; il en faut aussi pour les étables, mais un peu moins. Pour leur disposition, on s'inspirera des circonstances, par exemple du voisinage d'un foyer d'infection ; et on les placera toujours à deux mètres de hauteur, pour que les courants d'air n'aient pas sur les animaux d'influence fâcheuse.

Dans quelques écuries il y a, outre les portes et les fenêtres, des barbacanes et des cheminées d'appel. Les barbacanes sont des espèces de créneaux qui exercent une aération permanente ; mais elles peuvent causer des courants d'air assez dangereux. Aussi n'est-il pas souvent utile d'en pratiquer aux écuries et surtout aux étables que l'on fait construire.

J'arrive maintenant à une question qui, elle aussi, est loin d'être sans importance.

VIII.

Des Fumiers.

La question des fumiers est une des plus importantes, tant sous le rapport de l'hygiène que sous celui de l'agriculture. Des fumiers mal entretenus, outre qu'ils renferment moins de produits fertilisants, dégagent des miasmes et sont une cause d'insalubrité.

La litière est faite plus ou moins souvent. Cela varie suivant les contrées et suivant les fermiers.

Le fumier, s'il était employé dès sa sortie de l'étable ou de l'écurie, contiendrait beaucoup de principes fertilisants; mais en même temps, les nombreuses graines qu'il renferme toujours, germeraient et infesteraient les terres. D'un autre côté, on n'a pas toujours des champs disposés pour recevoir le fumier; c'est pourquoi on le dispose dans des fosses spéciales.

Ces fosses doivent avoir une profondeur de deux mètres et des parois imperméables. On obtient aisément ce dernier résultat avec une couche de terre glaise. En outre, comme il pourrait y avoir dans certains cas un excès d'humidité, il est bon de déposer au fond de la fosse un lit de terre sèche, qui est remplacé chaque fois qu'on enlève le fumier.

A la partie la plus basse de la fosse, il est bon de creuser un puisard dans lequel s'accumule l'eau; on peut de la sorte, simplement avec une pelle, arroser le tas de fumier quand les circonstances l'exigent. Quand la fosse n'a pas ses parois imperméables, les puits voisins peuvent être souillés par les liquides qui ont filtré. C'est un inconvénient très-grave que toujours on doit tâcher d'éviter.

La fosse doit être placée à l'ombre pour que le soleil ne darde pas trop sur elle ses rayons. Il faut l'éloigner, autant que possible, des fenêtres et des portes des habitations, parce qu'il se dégage toujours des tas de fumier des exhalaisons nuisibles à la santé. Cela n'est généralement pas observé. Il est très-fréquent au village, de voir les fosses devant les portes des maisons. C'est un système très-mauvais qui empeste l'habitation, outre qu'il rend ses abords très-malpropres.

Elle doit être éloignée des toitures, pour que dans les grandes pluies, l'eau ne vienne pas délayer le fumier et lui enlever ses meilleurs principes. Quant à la pluie elle-même, elle n'est pas dangereuse; elle n'offre pas les inconvénients d'une grande masse d'eau.

Le fumier doit être étendu régulièrement sur le tas. De la sorte il est beaucoup plus facile à enlever. Il faut mêler les parties très-humides avec les portions sèches, afin que les premières cèdent aux autres une partie de l'eau qu'elles contiennent; sans cela on n'aurait pas un fumier homogène.

Autant que possible il faut mélanger le fumier des écuries avec celui des étables : tous deux y gagnent.

Si le fumier doit être enlevé promptement, on doit prendre garde de déposer sur le tas, des balayures contenant des graines nombreuses et diverses. Mais si le tas doit rester longtemps en demeure, il n'y a pas d'inconvénient à mélanger les ordures provenant des greniers et des colombiers; car la fermentation, qui a bientôt lieu, enlève aux graines leurs facultés germinatrices.

Grâce aux fosses, la litière à peine mouillée est désagrégée ; mais le fumier perd une certaine partie de ses principes fertilisants. Il perd surtout de l'ammoniaque, de sorte qu'au bout d'un certain temps, il est moins riche en azote. Outre cela, si des pluies abondantes le délayent, les eaux dissolvent certains principes solubles et diminuent encore sa richesse.

Dans les grandes sécheresses il peut arriver que le fumier moisisse ; il faut, pour éviter cette grave allération, effectuer de temps en temps des arrosages. Il serait bon d'ajouter à l'eau, des corps ayant pour but d'éviter les pertes, d'empêcher le dégagement de certains gaz. C'est ainsi qu'on a recommandé le plâtre, le sulfate de soude, l'acide sulfurique (un kilo de ce dernier corps pour trois cents litres d'eau.)

IX.

Des fosses d'aisances.

Cela est triste à avouer, mais dans beaucoup de villages, la rue, le jardin, le premier coin venu remplit le rôle de cabinet d'aisance. Outre que cette habitude est condamnable au point de vue moral, elle porte à l'agriculture un grand préjudice; car elle laisse perdre des matières qui constitueraient un véritable engrais. Ainsi abandonnées, les matières fécales se décomposent, exhalent des miasmes, et infectent les localités. Il y a donc tout intérêt à ce que chaque ménage possède une fosse d'aisance.

Elles doivent être solides, ne pas dégager de miasmes, et conserver à l'état naturel les matières qu'il faut pouvoir enlever facilement.

Les tuyaux de décharge doivent communiquer facilement avec la fosse. Il y aurait souvent avantage à faire en sorte que les matières fécales aboutissent dans la purinière.

Les siéges doivent toujours présenter un couvercle pour que la fermeture soit complète.

Les parois de la fosse doivent toujours être en maçonnerie solide, pour que les filtrations soient, sinon impossibles, du moins peu considérables.

X.

Des cimetières.

La question des cimetières est très-importante. Elle occupe maintenant une foule de savants. On imagine tous les jours des procédés nouveaux pour que les morts ne gênent pas les vivants, pour qu'ils ne soient pas une cause d'insalubrité. Comme on n'a pas encore résolu la question d'une manière définitive, je ne parlerai pas de projets qui, du reste, ne doivent pas être traités dans un manuel à la portée des populations des campagnes. Je me contente simplement de faire quelques réflexions sur l'état actuel des cimetières dans nos villages.

Dans quelques localités, trop souvent, pour éviter les pas, on a placé le cimetière au centre du village, autour de l'église. C'est là une disposition et un emplacement regrettables.

Le cimetière doit toujours être placé hors du village et les fosses doivent être creusées à deux mètres de profondeur.

Les habitations ne doivent pas être établies tout auprès, et les puits doivent en être distants de cent mètres au moins, pour éviter les filtrations qui peuvent se produire.

Avant de terminer cette courte étude je crois utile de dire quelques mots sur les bains.

Dans les campagnes, il répugne généralement de se livrer à cette pratique salutaire. Les enfants seuls se baignent, et beaucoup d'entre eux, dès que la température le permet, sont dans l'eau la plus grande partie du jour. C'est là un excès regrettable. D'un autre côté, quand on ne se baigne jamais, la peau est recouverte d'une véritable crasse qui empêche l'exercice des fonctions cutanées et apporte ainsi un trouble au jeu des organes. De cette façon, les maladies de peau sont très-fréquentes et naturellement très-tenaces.

Il faut donc, dès que la température le permet, prendre des bains. Dans beaucoup de communes, le voisinage des cours d'eau rend cela très-facile, et les habitants auraient grandement tort de ne pas profiter d'un avantage aussi considérable. Rien ne repose comme de prendre un bain : on sort de l'eau frais et dispos, et l'on éprouve un sentiment de bien-être très-marqué toutes les fois que les précautions recommandées ont été observées. C'est ainsi qu'il ne faut se jeter à l'eau, ni quand on est en sueur, ni après le repas, et qu'on ne doit pas trop prolonger le bain.

Telles sont les principales causes qui ont fixé surtout mon attention. Laissant de côté les longues dissertations scientifiques, j'ai tâché de ne m'occuper que de ce qui intéresse les populations des campagnes. J'ai fait tous mes efforts pour être à leur portée.

Ai-je réussi dans mon entreprise ?

C'est ce à quoi va répondre la société savante et généreuse, qui a mis au concours cette question d'intérêt général.

FIN.

www.ingramcontent.com/pod-product-compliance
Lightning Source LLC
LaVergne TN
LVHW021712080426
835510LV00011B/1741